Piano Step by Step

A Series for Young and Perennially Young Pianists

Performance Pieces · Dances · Studies · Pieces for Piano Duet

An Introduction to Style

Each volume is arranged progressively ranging from easy to medium

Eine Reihe für junge und ewig junge Pianisten

Vortragsstücke · Tänze · Etüden · Vierhändiges Spiel

Einführung in den Stil

Jeder Band ist progressiv geordnet von leicht zu mittelschwer

Une série pour jeunes et éternellement jeunes pianistes

Pièces d'exécution · Danses · Ètudes · Jeu à quatre mains

Initiation au style

Chaque volume est ordonné progressivement du facile au moyen difficile

Editor of the series

Herausgeberin der Reihe

Rédactrice de la serie

Ágnes Lakos

Könemann Music Budapest

Sonatinen
I

Compiled and edited by
Zusammengestellt und herausgegeben von
Rédigé et edité par

András Kemenes

Könemann Music Budapest
K 131

INDEX

Friedrich Kuhlau (1786–1832): 4 Sonatines faciles, Op. 88

Anton Diabelli (1781–1858): 4 Sonatines, Op. 151
Le Bouquetier – The Flowerpot – Der Blumenkasten

Anton Diabelli (1781–1858): 7 Sonatinen, Op. 168
Musikalische Morgenstunden einer Woche – Musical small hours of a week –
Matinées musicaux d'une semaine

4.   **150**

5.   **157**

6.   **164**

7.   **170**

6 Progressive Sonatinas*
Op. 36

Muzio Clementi
(1752–1832)

Allegro

1.

*The present edition of M. Clementi's six sonatinas is based on the fifth edition published in the composer's life-time
(London, Clementi Co., c1813). On the title-page the following can be read: "with considerable improvement by the author" .
It is due to this fact that the music text of the present edition deviates from the commonly used versions in a lot of places.

Allegretto

Allegretto con grazia

dolce e sempre legato

Allegro

dolce

legato

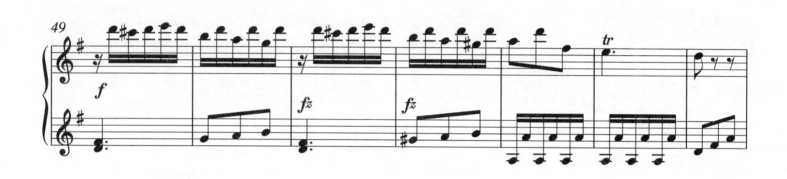

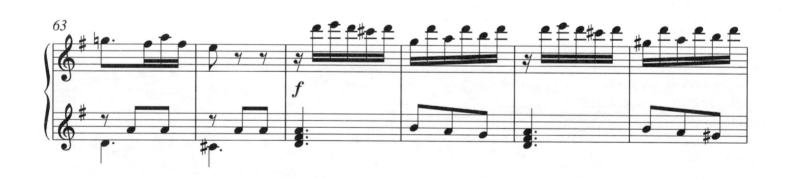

Allegro spiritoso

3.

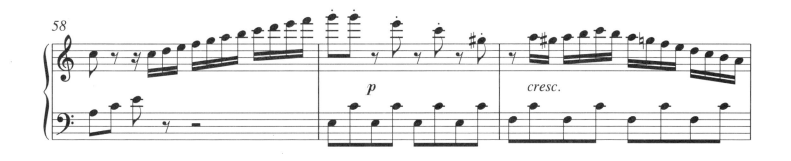

Allegro di molto

mezzo

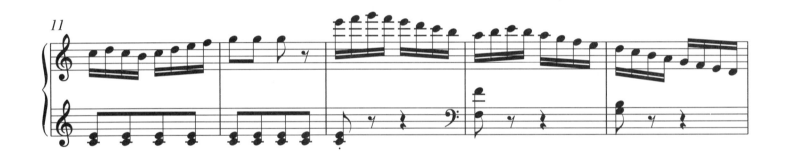

ten.

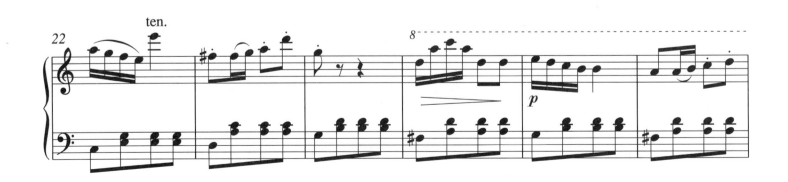

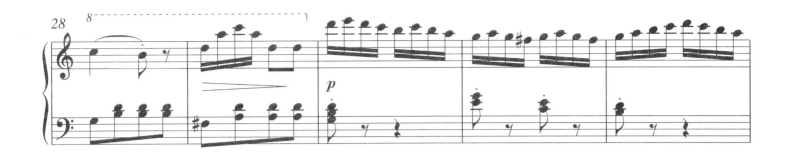

Andante con espressione

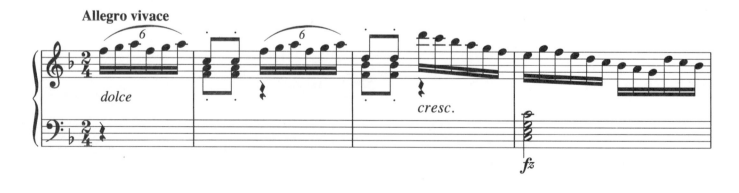

Da Capo al Fine

Presto

5.

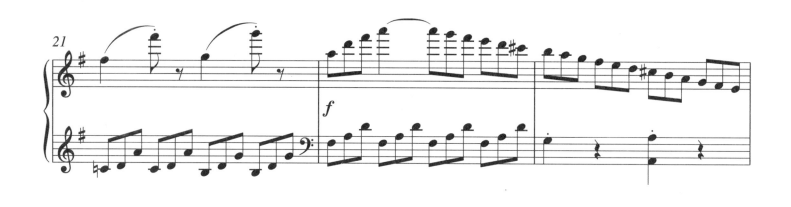

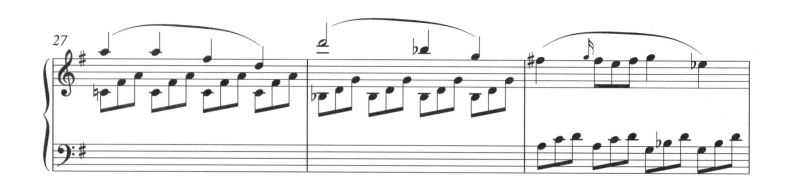

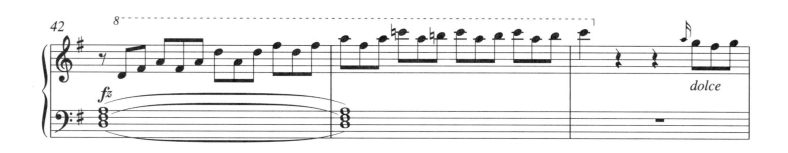

K 131

Swiss air arranged

Allegretto moderato

Rondo

Allegro assai

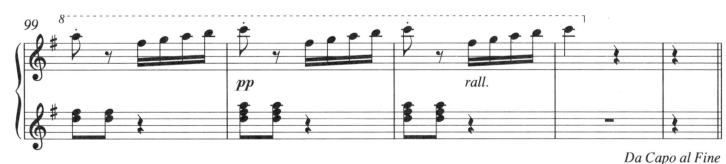

Da Capo al Fine

Allegro con spirito

6.

Rondo

Allegretto pastorale

6 Sonatinen

Op. 55

Friedrich Kuhlau
(1786–1832)

Vivace

Allegretto

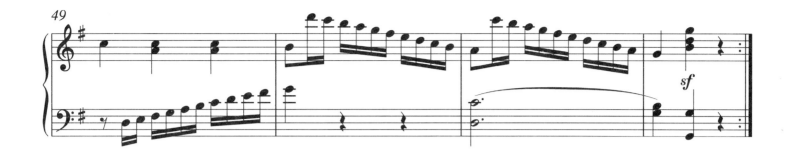

Cantabile

legato assai

dim.

63

70

76

81

87

93

Allegro con spirito

K 131

Allegro non tanto

Da Capo al Fine e poi la Coda

Coda

Tempo di Marcia

5.

cresc.

mf

dim.

p

dim.

Vivace assai

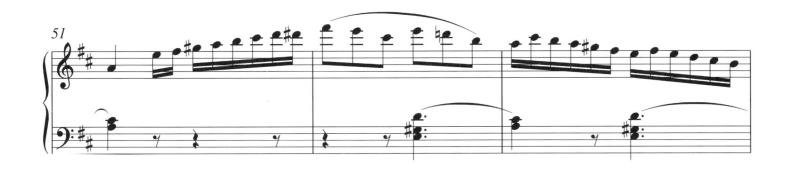

K 131

Allegro maestoso

6.

Menuetto

Trio

Menuetto da Capo
senza replica, e poi la Coda.

Coda

Fine

K 131

4 Sonatines faciles

Op. 88

Friedrich Kuhlau
(1786–1832)

il basso leggiero

dolce

mf

cresc.

marcato

f

p

Andante cantabile

Rondo

Vivace

96

Andantino

Allegro burlesco

Allegro molto

4.

Andante con moto

Rondo alla Polacca

4 Sonatines

Le Bouquetier

Op. 151

Andantino cantabile

Anton Diabelli
(1781–1858)

1.

Scherzo

Allegro

Rondo

Allegretto

116

2.

Andante religioso

Rondo

Allegro

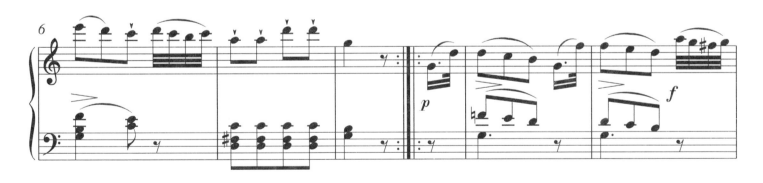

Allegro moderato

3.

124

K 131

Rondo

Allegretto

Largo maestoso

Rondo

Allegro, ma non troppo

7 Sonatinen

Musikalische Morgenstunden einer Woche

Op.168

Anton Diabelli
(1781–1858)

Moderato cantabile

K 131

Andante cantabile

Rondo

Allegretto

K 131

Allegro moderato

Allegro moderato

3.

Rondo

Allegro

Allegro moderato

4.

Andantino

Rondo

Allegro

Marcia funebre

Andante maestoso

Rondo militare

Allegro

164

Allegro moderato

7.

Andante cantabile

Rondo
Allegretto

© 1994 for this edition by Könemann Music Budapest Kft.
H–1137 Budapest, Szent István park 3.

K 131

Distributed worldwide by
Könemann Verlagsgesellschaft mbH Bonner Str. 126.
D–50968 Köln

Responsible co-editor: Tamás Zászkaliczky
Production: Detlev Schaper
Cover design: Peter Feierabend
Technical editor: Dezső Varga
Engraved by computer: Endre Mészáros, Erika Pakó, Dezső Czentnár

Printed by Kner Printing House Gyula
Printed in Hungary

ISBN 963 8303 44 1